Ce livre appartien a
René françois victor
Gogot

Celivre a été Dessiné et Gravé pour les divertissements des Menus plaisirs Du Roi en france il est dune tres grande Bauté et dans le plus Beau Costume, les Gravure en sont Extremement Belle et ne peuvent se trouver Nul part, Les planches ayent été faite pour Mr. De La pouplinière qui nen a point permis limpréssion que de celle ci qui sorte de sa Bibliotèque- on ne peu fixé le prix de ce livre puisquil ni a quun connoisseur et un amateur qui le peuve payé.

21-figures en taille Douce avec sa cartouche.

Paris-1748

MARTIN (Jean-Baptiste).

Collection de figures théâtrales inventées et gravées par Martin, cy-devant dessinateur des habillements de l'Opéra. - Se vend à Paris chez l'auteur, rue de la Sourdière, près du cul de sac des Jacobins et chez la veuve Chéreau, rue Saint-Jacques, aux deux pilliers d'or. Avec privilège du Roy. [S. d. = 1763].

cf. FISCHER (Carlos). Les Costumes de l'opéra, p. 68.

Manque la p. de titre. Exemplaire complet et colorié à la Bibl. de l'Arsenal (Portefeuille 200).

Ce livre a été Dessiné et Gravé pour les divertissements des Menus plaisirs Du Roi en france il est d'une très grande Bauté et dans le plus Beau Costume, les Gravure en sont Extremement Belle et ne peuvent se trouver nul part, les planches ayent été faite pour Mr. de La pouplinière qui n'en a point permis l'impréssion que de celle ci qui sorte de sa Bibliotèque — on ne peu fixé le prix de ce livre puisqu'il n'i a qu'un connoisseur et un amateur qui le peuve payé.

21 — figures en taille douce avec sa cartouche.

Paris — 1748

G

Apollon.

Incas.

Hercule.

Medeé.

Africain.

Indienne.

Neptune.

Thetis.

Paysan.

Paysanne.

Paysan Galant.

Paysanne Galante.

Zéphyre.

Flore.

Suivant de Zéphire.

Suivante de Flore.

Faune.

Driade.

Démon.

Furie.

www.ingramcontent.com/pod-product-compliance
Lightning Source LLC
LaVergne TN
LVHW020246230826
846091LV00006B/2275

9782019997106